WORLD PEACE Prologue はじめに

ROAD TO WORLD PEACE

人類史上、最大の夢。

世界平和。
WORLD PEACE。

世界を平和に・・・なんて言うと、
なんか、テレくさいし。

セカイヘイワなんて、絶対に不可能！
なんて、言う人もいるけど。

今、世界中で暮らしている76億人、
みんなが、少しだけ本気になれば、
世界平和は、実現できると想う。

誰も望んでいないのに、
繰り返されている戦争や紛争やテロ。

世界全体で見れば、充分な食糧があるのに、
毎年、何億人も飢えて死んでいる現実。

みんな、自然が大切だと知っているのに、
どんどん進んでいく環境破壊・・・

すべて、神様じゃなく、自然でもなく、
人間がやっていることなんだ。

あきらめるのは、まだ早くない?

戦争、貧困、児童労働、人身売買・・・
これだけ、世界中の子どもが亡くなり、
苦しんだり、悲しんでいる人がいるのなら。

そろそろ、スイッチ入れて、
俺たちも、マジで、なにかしたくない?

そりゃ、いきなり、
世界を変えることはできないけど。

自分がなにかをすることで、
誰かひとりの命が救われる。

それだけで、
充分すぎるほど素敵なことじゃない？

今、21世紀の地球には、
もちろん、問題が山積みだけど、
希望の光も、ガンガンに射している。

76億人、みんなが幸せに暮らせるように、
世界中で、ワクワクしちゃうような、
楽しい、面白い、かっこいい活動が、
いっぱい始まっている。

音楽でも、ダンスでも、ファッションでも、
アートでも、料理でも、ゲームでも、
テクノロジーでも、政治でも、経済でも・・・

あらゆる分野で、世界各地に、
楽しくて、ピースな活動が溢れてきている。

しかも、今は、原始時代ではなく、
ネットで世界中が繋がっている時代だ。

世界各地で始まっている、
小さくて素敵なアクションが、
どんどん繋がって。

これから始まる、新しいアクションも、
カラフルに加わりながら。

このピースなムーブメントが、
風のように世界全体に広がっていけば・・・

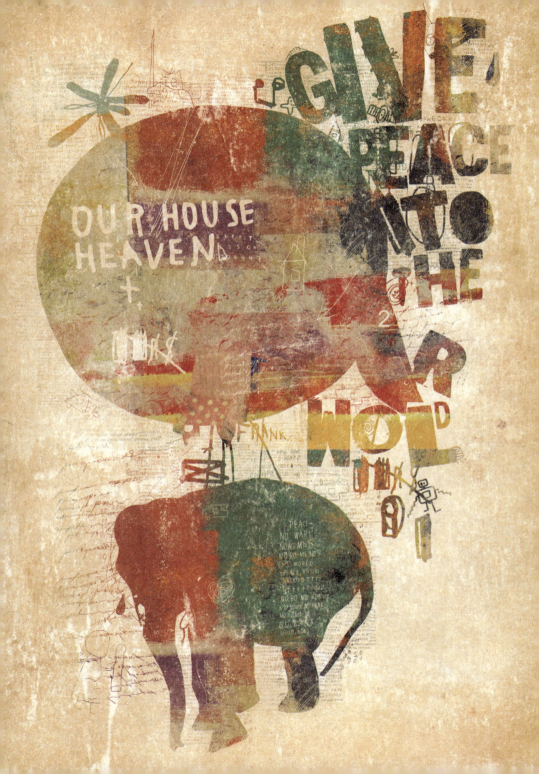

FRIENDSHIP
WORLD.
PACIFIST
WW   M

BOOK

POWER

BOOKMEN

PACIF
WW

SPORT

まぁ、能書きはこのくらいにして。

実際のところ、具体的に。
自分にできることって、なんだろう？

なにから始めたら、楽しそうかな？

俺たちは、あまりに、
世界中で起きていることを知らない。

まずは、知ることから始めようということで、
この本では、リアルなデータに触れながら、
世界中に溢れる、素敵な人や活動を、
いろいろと紹介してみた。

まずは、この本で紹介した、
人物、本、映画、WEBなど、
興味のあるものから、ひとつでもふたつでも、
ゆっくり味わってみて欲しい。

そしたら、きっと、自分の中に、
フツフツと熱いものが湧いてきて、
無性に、誰かと語りたくなるはず。

そんなときは、
仲間にもシェアしながら、
語り合ってみて欲しい。

俺たち素人が集まっても、
なんの意味もない？

世界の問題を解決する方法なんて、
思いつくはずがない？

NO, NO, BABY。

歴史を見れば、わかるように、
時代を変えるような新しいアイデアは、
いつも、素人の発想から生まれてくるんだ。

あとは、トークライブとか、イベントとか、
ワークショップとか、興味が湧いたところに、
フットワーク軽く、顔を出してみるのもいいよね。

もちろん、旅をしたり、
ボランティアとして海外の現場に行って、
現場の空気を吸ってくるのも楽しい。

そうやって、ちょこちょこ動き出すと、
新しい出逢いが、グングン広がっていく。

さらには、就職、転職という選択もある。

夢を探している？
やりたい仕事がみつからない？
もっと、やり甲斐のある仕事がしたい？
世界を舞台に仕事をしたい？
自分を必要とされたい？

そんな人は、ぜひ！

自分のフィーリングにあった、
世界平和の実現に関わる仕事を探してみよう。

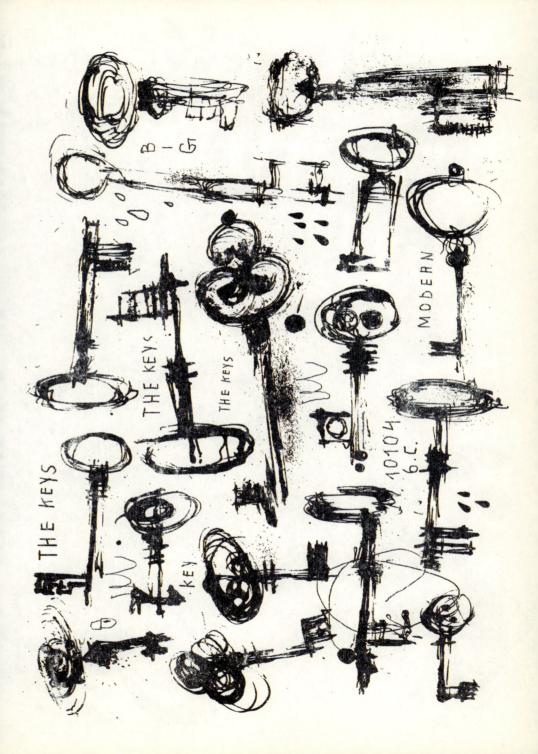

OF SPEED

行動するのに、理由なんていらない。

わくわくセンサーを全開にして、
まずは、自分の感覚のままに、
フラフラと動き回ってみることだ。

そのうち、最高のタイミングで、
具体的にやりたいなにかに、
ガツン！と、出逢うときが来る。

そして、自分なりの道が、
自然に、描けてくると想う。

自分の得意なこと、
好きなことを生かして、
世界を平和に。

軽やかに、最初の一歩を踏み出そう。

自分のやりたいこと × WORLD PEACE

このふたつを、楽しくミックスしてみよう。

今回の人生。
俺たちは、この時代、
この国に生まれたから。

日本人としての誇りを胸に。
和の国の持つ、ピースフルなビートを、
世界中に響かせたい。

日本人かっこいいじゃん！って、
世界に言わせよう。

俺たちの一歩が、世界を変えていく。

みんなで本気だして、
戦争も、貧困も、この時代で終わりにしよう。
すべて、過去の歴史にしよう。

俺たちの時代から、
新しい歴史を始めよう。

そんな想いを胸に、
一緒に楽しめるトモダチが、
ひとりでも増えたら最高じゃん。

そう想って、俺は、この本を書いた。

TO WORLDPEACE

オモシロキ
コトモナキ世ヲ
オモシロク。
セカイヘイワをあきらめない、
愛すべきバカ野郎たちへ。
この本を捧ぐ。

——高橋歩

常識とは、18歳までに身につけた、
偏見のコレクションのことをいう。
Albert Einstein　アルベルト・アインシュタイン

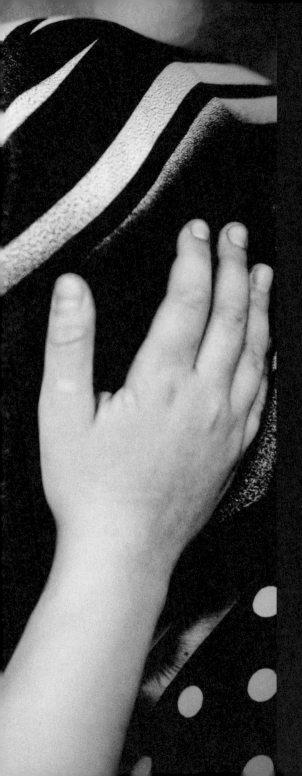

愛とは。
大きな愛情をもって、
小さなことをすること。

Mother Teresa マザー・テレサ

もし、すべての人が、
「もう一台、テレビが欲しい」と思う代わりに、
平和を求めたら。

平和は、もう、そこにあるはずだ。

John Lennon　ジョン・レノン

今いる場所から始めよう。
自分の持っているものを使おう。
できることをするんだ。

Arthur Ashe 　アーサー・アッシュ

この世で重要なことのほとんどは、
まったく希望がないように見えたときでも、
挑戦し続けた人々によって、
成し遂げられてきた。

Dale Carnegie　　デール・カーネギー

こんなクソみたいな時代だけど。

セカイヘイワへの希望は、
消えることなく。

世界中の路上から、
次から次へと、
どんどん生まれてくる。

そして、近い未来に。

すべてが繋がり、
ひとつの風になって。

世界中の空気を変える日が、
きっと来る。

セカイヘイワへの道は、
そんなに、遠くない。

GO!
ON THE ROAD.

写真提供：PEACEBOAT/Mizumoto Shunya

なぜ、憎み、殺し合わなきゃならないのか。
どうすれば、暴力を止められるのか。

オレたちは、真剣に考えた。

答えは、音楽、ダンスだった。

オレたちは、
銃を捨てて、夢を持つことにした。

やばい歴史は、
オレたちの時代で、もう終わりだ。

暴力や麻薬の連鎖から抜け出そうぜ！

Road to World Peace: 1

AFRO REGGAE　アフロ・ヘギイ

ブラジルの貧しいスラムに生まれた、ダンス集団。
武器を楽器に変えて、ダンスで、音楽で、ポジティブなメッセージを発信。
彼らの活動の影響で、周辺のスラムでは、現実に犯罪率も下がり、雇用も増えている。
小さなダンスチームから始まった、大きなピースムーブメント。

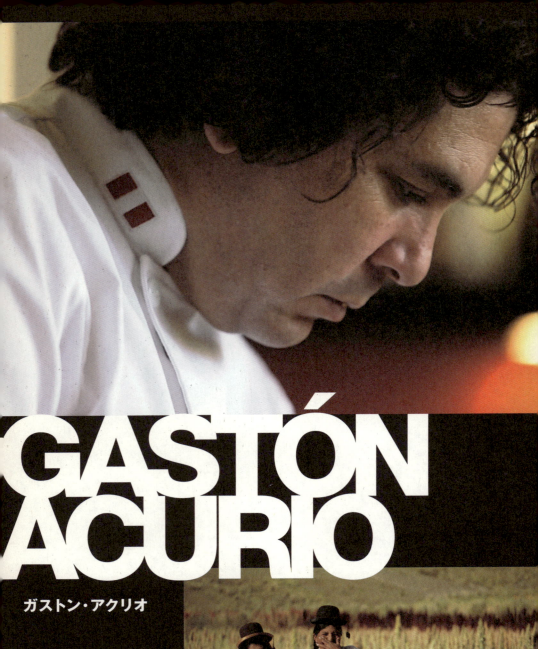

GASTÓN ACURIO

ガストン・アクリオ

料理で、世界は変わる。
料理で、世界は繋がる。

Road to World Peace: 2

GASTÓN ACURIO　ガストン・アクリオ

政治家でも革命家でもない、ペルーを代表する料理人ガストン・アクリオ。
彼は母国のすばらしい文化を世界へ発信する、という揺るぎない夢と情熱をもって、
ペルーの文化、そして国自体に大きな革命をもたらした。
ペルー人の誰もが言う。「ガストンは国を変えた」と。
彼の食への情熱は、歴史ある大切な食物とその生産者への感謝と救済、
貧しい子どもたちでも学ぶことができる料理学校の設立など、
美食というカテゴリーをはるかに超え、国家と人々に誇りと希望を与えている。

映画『料理人ガストン・アクリオ　美食を超えたおいしい革命』より
提供:スタイルジャム　http://stylejam.co.jp/
©2014 Chiwake Films, All Rights Reserved

THE INOUE BROTHERS...
Style can't be mass-produced

どこかで、誰かが、
苦しまなければならない
ビジネスなんて、
もういらない。

僕たちは、
ファッションの力で、
世界を変える。

Road to World Peace: 3

THE INOUE BROTHERS...　ザ・イノウエ・ブラザーズ

井上兄弟による、ファッションブランド。
生産の過程で地球環境に大きな負荷をかけない、
生産者に不当な労働を強いない"エシカル（倫理的な）ファッション"を信条とし、
春夏は東日本大震災で被災した縫製工場で生産するTシャツを、
秋冬は南米アンデス地方の貧しい先住民たちと一緒につくったニットウェアを中心に展開。
さまざまなプロジェクトを通して、
世の中に責任ある生産方法に対する関心を生み出すことを目標にしている。

バレンタイン一揆

映画「バレンタイン一揆」

画像提供：映画「バレンタイン一揆」より

創る人も、食べる人も。
みんなが笑顔になれる。

本当に愛のあるチョコレートを、
日本のみんなに。

Road to World Peace: 4

映画「バレンタイン一揆」

児童労働って？ フェアトレードって？
大好きなチョコレートをきっかけに、小さな一歩を踏み出した日本の女の子たち。
チョコレートの原料となるカカオの産地、アフリカ・ガーナで問題になっている児童労働。
その実態を知った日本の3人の女の子たちが、
現地の人々との交流を通して、問題解決を模索し、
フェアトレードのチョコレートを広めていく姿を追ったドキュメンタリー。

©2012 ACE(Action against Child Exploitation), All Rights Reserved.

マララ・ユスフザイ

Marara Yousafzai

"ONE CHILD, ONE TEACHER, ONE BOOK, AND ONE PEN CAN CHANGE THE WORLD."

ひとりの子ども、ひとりの教師、1冊の本、そして1本のペンが、
世界を変えるのです。

Road to World Peace: 5

Marara Yousafzai　マララ・ユスフザイ

タリバン政権の苦しい日々の中、ブログで、日記やメッセージを書き続け、
多くの人を励まし、動かした少女。史上最年少でノーベル平和賞を受賞。

©Getty Images News/ Veronique de Viguerie /gettyimages

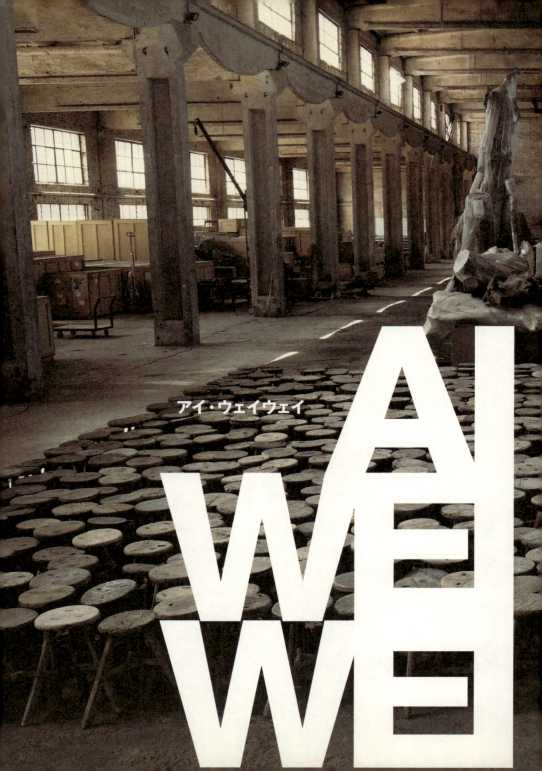

人類が覚えておくべきこと。

軍隊、国家、
集団、政党の持つ力は、
永遠ではなく、
一時的なものだ。

すべてが消え去るが、
「個人」だけは消えない。

Road to World Peace: 6

AI WEIWEI アイ・ウェイウェイ

異色の建築やアートで、政府や権力に中指を立て続ける、中国人アーティスト。
中国政府の関係者から暴行を受けたり、オフィスを破壊されたりしても、
負けずに、いや、よりエスカレートしながら、素敵な作品を発表し続けている。
今、中国で最も影響力のある現代美術家とも言われる。

©LightRocket/ Gilles Sabrie /gettyimages

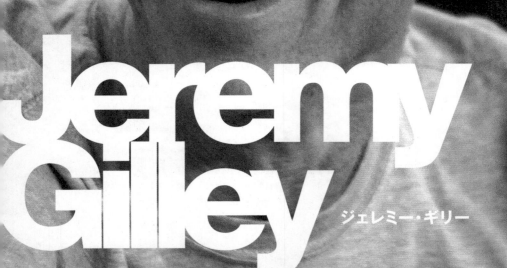

Jeremy Gilley
ジェレミー・ギリー

まずは、1年に1日でいい。
この地球上に、
戦争や紛争がない日、
あらゆる暴力がない日を作ろう。

いつの日か、
これが365日になれば、
平和という名で、
世界がひとつになれる日が来るんだ。

Road to World Peace: 7

Jeremy Gilley　ジェレミー・ギリー

国連PEACE DAY（9月21日）を制度化し、
世界に広める役割を担っているNPO「Peace One Day」の創設者。
2001年9月、彼の尽力によって、
世界的な停戦と非暴力の日＝PEACE DAYが国連総会決議にて全会一致で採択された。
PEACE DAYのインパクトは大きく、毎年、ほとんどの国で、
何百万人もの人々の積極的な参加によって祝われ、
数百もの団体が、紛争地で緊急支援活動を行っている。

IF YOU
WANT TO
ACHIEVE
GREATNESS
STOP
ASKING
FOR
PERMISSION

Banksy
バンクシー

人々は、革命を呼びかけるための、
あるいは、反戦を訴えるための手段として、
グラフィティ（落書き）を用いてきた。

そして、多くの場合、それは、
発言力を持たない者たちの声を
代弁するものとなる。

もし、おまえが、
すごいことをやりたいならば、
許可を取らずにやることだ。

Road to World Peace: 8

Banksy　バンクシー

イギリスのロンドンを中心に活動する覆面芸術家。
世界で最も有名なストリートアーティストでありながら、
生年月日、プロフィール等は誰も知らない。
街中の壁に、反資本主義・反権力など政治色の強いグラフィティ（落書き）を残したり、
メトロポリタン美術館や大英博物館などの館内に、
自らの作品を無許可で展示するなどのパフォーマンスにより、
一部の人々からは、「芸術テロリスト」とも呼ばれている。

ROAD TO WORLD PEACE

ROAD TO WORLD PEACE

AYUMU TAKAHASHI

PEACE EYE

世界を平和にするために。7つの視点。7つのビジョン。

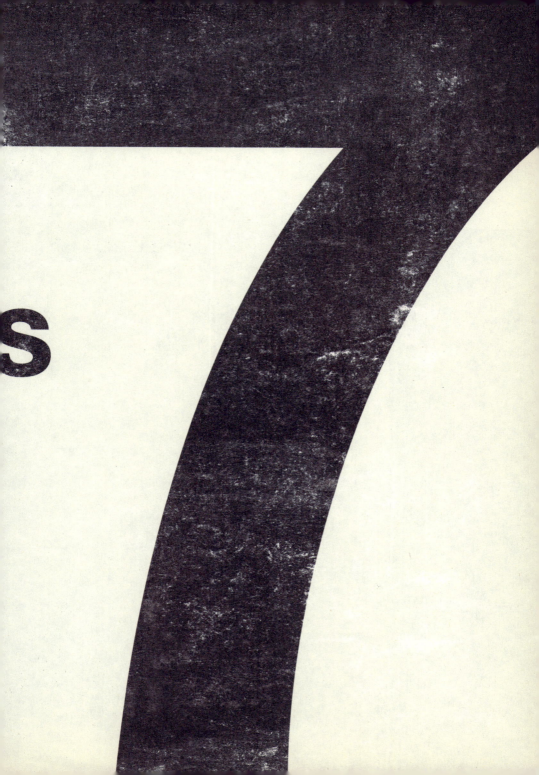

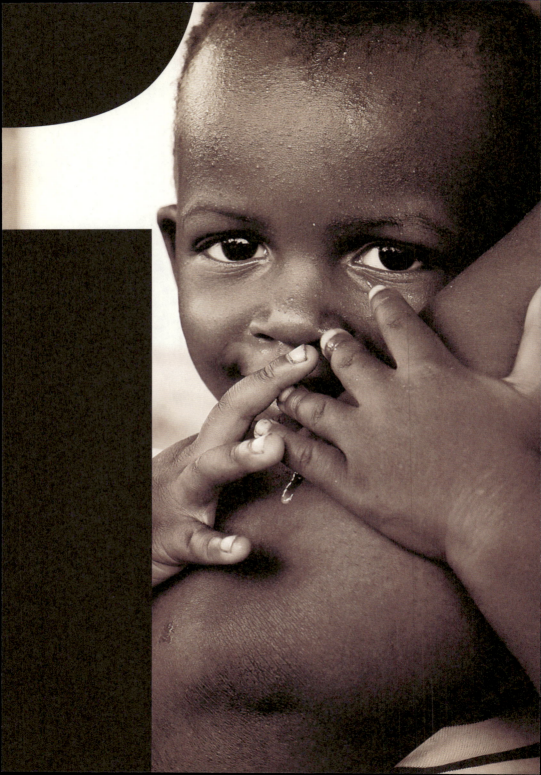

PEACE EYES
1
AYUMU TAKAHASHI

世界各国が協力して、
やるべきことをやれば、
僕らが生きているうちに、
世界中の貧困はゼロにできる。

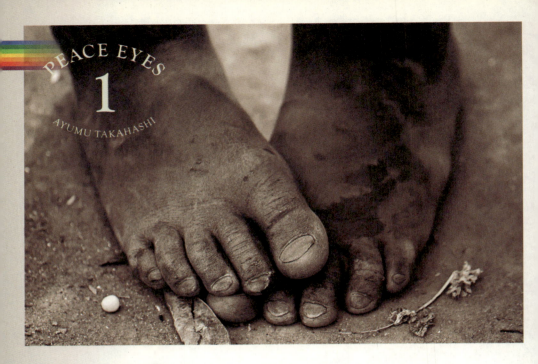

PEACE EYES
1
AYUMU TAKAHASHI

今も、この世界のどこかで。
5秒に1人。
貧困を理由に子どもたちが亡くなっている。

5秒に1人ということは、
あなたがこの本を読み始めてから、
すでに、100人を超える子どもが、
世界のどこかで、息を引き取っていることになる。

知らない100人っていうと、実感がわかないけど。
目の前で、やせ細った息子や娘が苦しみながら死んでいく・・・
そのときの両親の気持ちを想うと、胸が痛むよね。

目を背けたくなるようなことだけど、
これが、今、俺たちの暮らす世界のリアルだ。

Road to World Peace

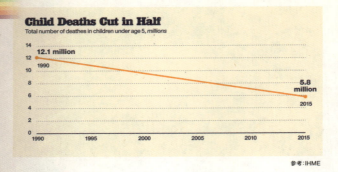

参考:IHME

現状は厳しいけど、悲観する必要はない。
新しい流れは、確実に始まっている。

1990年〜2015年の25年間。
世界の国々が、本気で協力してプロジェクトを進めた結果、
世界全体で、5歳未満の子どもの死亡率は、半減した。

世界のトップが集まって、具体的な目標を決め、
各国政府、専門家、民間のNGO・NPOが協力し、
必要な予算を使って、必要なことをしたら。
この25年間で、実際に、2億人以上が飢餓から抜け出すことができたわけだ。

この事実を見ても、わかるように、
世界各国のみんなが協力して、本気を出せば、
世界のあらゆる問題は、きっと、改善していける。

さらに、このままの勢いで、
12年後の2030年に向けて、
貧困で亡くなる子どもをゼロにしよう！
そんな素敵な活動も始まっている。

こういう流れを知ると、
他の問題に関しても、希望が湧いてくるよね。

Road to World Peace

SUSTAINABLE DEVELOPMENT GOALS
17 GOALS TO TRANSFORM OUR WORLD

貧困ゼロに向けてのプロジェクトの他にも、
「世界を変えるための17の目標」と題して、
国連加盟193ヶ国が賛同した、15年間の目標がある。

「SDGs」エスディージーズ。
(Sustinable Development Goals)

2016年〜2030年
世界を変える17の目標。
そして、それを細分化した169のターゲット。

もしかしたら、あなた好みの活動があるかもしれない。
興味がある人は、ぜひ、チェックしてみて。

More Info.

【SDGs広報センター】
http://www.unic.or.jp/activities/economic_social_development/sustainable_development/2030agenda/

【SDGs 日本の取り組み】
http://www.mofa.go.jp/mofaj/gaiko/oda/files/000270587.pdf

Peace Eyes: 01

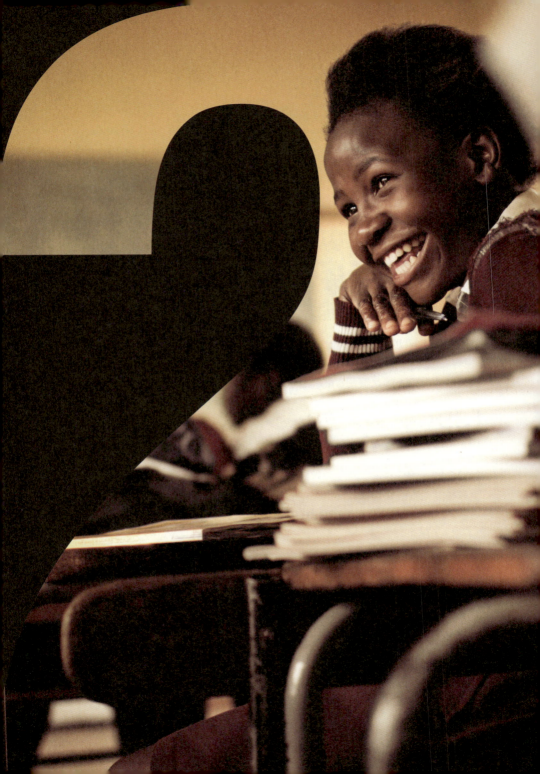

PEACE EYES
2
AYUMU TAKAHASHI

日本が変われば、世界が変わる。
巨額な軍事費をゼロにして、
もっと、夢のあることに使おう。

まずは、このデータを見て欲しい。

■ 地球上すべての極度の貧困を終わらせるために必要な金額

年間 約6兆円 ※参考：オックスファム報告書

■ 日本の軍事費（防衛費）

年間 約5兆円

※2018年度の日本の防衛予算は5兆1911億円（米軍再編費などを含む）

＊「極度の貧困」･･･1日1ドル未満で生活し、まともな日常生活が行えない状態にある人

Road to World Peace

極端ではあるが、リアルな話。

世界第3位の経済大国であり、
世界第7位の軍事大国である日本が、
もし、**毎年使っている約5兆円の軍事費**を、
来年度から、**全額、世界の貧困を救うために使うとしたら。**

それだけで、地球上の極度の貧困は、ほぼ終わる。
貧困による様々な悲劇のほぼすべてを、終わりにできる。

もし、それを、日本が実行できたら、
それこそ、世界中から尊敬されるだろうし、
日本に続く国も、きっと出てくると想う。
世界の常識が変わっていくきっかけになるかもしれない。

そりゃ、素敵だけど、軍がなかったら危ないでしょ？
攻められたらどうするの？という人もいるだろうけど。
ちょっと、考えてみて。

自国の軍事費のすべてを、
他国の貧困で苦しむ人たちのために使い、
世界の極度の貧困を終わらせた国を、
攻められる国があるだろうか？
万が一、攻めようとする国があったとしても、
それを、世界の国々が放っておくだろうか？
世界は、そこまで腐ってないでしょ。

そう考えると、爆弾や戦闘機を作るよりも、
軍事費なんてゼロにして、世界の支援に使った方が、
よっぽど、強力な防衛になるんじゃないかな？

Peace Eyes: 02

この21世紀。
実際に、軍隊をなくし、
他の有意義なことに、国家予算を使っている国がある。

爆弾を買うお金で、学校を建てよう。
戦車を買うお金で、自然を守ろう。

軍隊を捨てた、カリブ海の国、
コスタリカのスローガンだ。

軍隊を捨て、その予算で教育と福祉を充実。
国民幸福度ランキングも高く、
人類の理想に向かう国、コスタリカ。

同じ地球上に、こんな国があることも、
ひとつの希望だよね。

コスタリカという国をひとつのヒントとして、
俺たちの国、日本でも、素敵なビジョンを描いて、
ひとつひとつ、カタチにしていきたい。

More Info.

【映画「コスタリカの奇跡」】 ＊巻末のPEACE MOVIE　185P参照

Road to World Peace

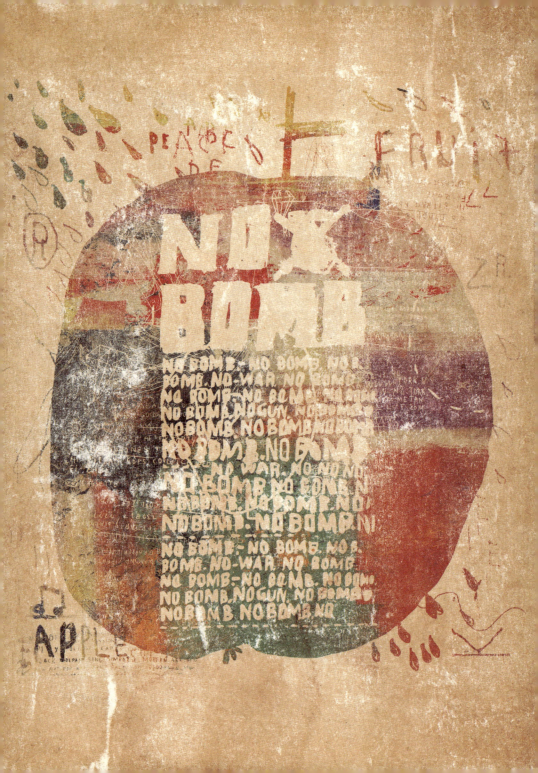

ARTICLE

OF THE

『日本国憲法 第九条』

日本国民は、正義と秩序を基調とする

国際平和を誠実に希求し、

国権の発動たる戦争と、

武力による威嚇又は武力の行使は、

国際紛争を解決する手段としては、

永久にこれを放棄する。

前項の目的を達するため、

陸海空軍その他の戦力は、

これを保持しない。

国の交戦権は、これを認めない。

この国の憲法九条を知っているかい？

戦争はしない。
戦争に加担しない。
愛と平和なんだ。

まるでジョン・レノンの歌みたいじゃないか。

忌野清志郎

Road to World Peace

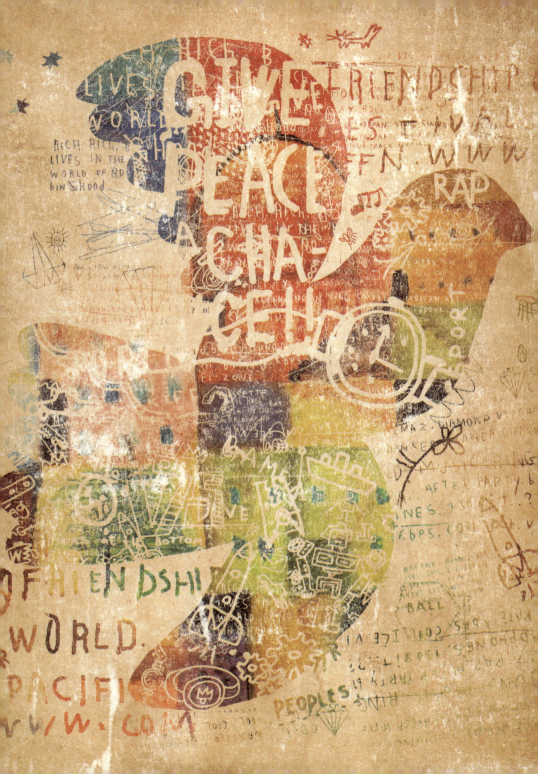

PEACE EYES
3
AYUMU TAKAHASHI

ショッピングが、世界を変える。
WORLD PEACEな
買い物をしよう。

世界中の子どものうち、
9人に1人が、児童労働を強いられている。
そして、その半数以上が、
危険な労働に従事させられている。

※参考:国際労働機関(ILO)報告書
Marking Progress against Child Labour 2017

「モノを買う」という行為は、
世界中で、ほぼ毎日、みんながすることだし、
世界を変える、強烈なパワーを持っている。

だからこそ、生活のすべてじゃなくて、
ほんのちょっぴりでもいいし、たまにでもいい。
WORLD PEACEな買い物をするクセを付けよう。

やることは、簡単。
食品でも、服でも、アクセサリーでも、
車でも、家具でも、石けんでも…
そのモノが、どうやって作られたのか。
その企業は、どんな企業なのか。
それを、自分なりにチェックしたうえで、
気に入ったモノを買うようにすればいいんだ。

ちょっと、想像してみて。
例えば、昨日、買った洋服が、アフリカの貧しい国で、
素材を作る農家のおばあちゃんを農薬まみれにしたり、
子どもたちを安い賃金で無理矢理に働かせたり、
そんな苦しみや悲しみのうえに作られた服だったとしたら、
なんか、身につけてて、気分が悪くない?

Road to World Peace

どうせだったら、俺たちが、それを買うことで、
貧困地域の人の暮らしが豊かになって、
なるべく、自然にも負荷を掛けない状態で作られているモノ。
そういうモノを、食べたり、使ったり、身につけてるほうが、
単純に、気分がいいよね。

「エシカルな消費」と言われるように、
買うモノを選ぶときに、価格、好みなどに加えて、
WORLD PEACEな視点を持つこと。

ぜひ、その辺から、始めてみようよ。
WEB等で調べれば、情報はいくらでも見つかるからさ。

みんなが幸せになれるモノを買う。

世界全体で見たら、それを意識している人は、
まだ、そんなに多くないかもしれないけど、
世界各地で、ムーブメントは始まっている。

ひとりひとりが、気持ちのいい買い物をして、
素敵な情報があれば、SNS等で気軽にシェアしていこう。
そして、この流れが、どんどん加速していって、
いつの日か、世界の常識になっていったら・・・
WORLD PEACEは、グンと近づくよね。

More Info.

【エシカル協会】
▶ http://ethicaljapan.org/

【ピープル・ツリー】
▶ http://www.peopletree.co.jp

【THE INOUE BROTHERS...】
▶ https://theinouebrothers.net/jp

エシカル協会   ピープル・ツリー   THE INOUE BROTHERS...

Peace Eyes: 03

PEACE EYES
4
AYUMU TAKAHASHI

未来を作っていく子どもたちに、
遊びながら、
世界を学べる機会を！

現代の子どもたちが、
溢れてくる発想力と分析力を、
この世界を良くするために使ったとしたら・・・
彼らは、本当に、
私たちの世界を救えるかもしれない。
そうなって欲しいと願っています。

WORLD PEACE GAME開発者
JOHN HUNTER　ジョン・ハンター

PEACE EYES 4
AYUMU TAKAHASHI

未来を作っていく子どもたちへ。
最高の平和教育を。

それが必要なのは、みんなわかっているけど、
大切なのは、やっぱり、伝え方だよね。

日々、子育てをしてても実感するけど、
大人が、無理に平和なんちゃらを押しつけても、
子どもたちは、楽しくないものは、絶対に学ぼうとしないし、
下手すると、逆に、「平和とか、面倒くせえ」
「なんか、つまんなくね？」ってなる危険すらある。

そういう意味では、このゲーム形式の授業は画期的だ。

「WORLD PEACE GAME ～ワールドピースゲーム～」

主に、10〜15歳の子どもを対象にした、
世界の問題を解決していくゲーム形式の授業。

1970年代に、アメリカの小学校教師が開発したんだけど、
米グーグル社や防衛省が推薦したこともあって、
まず、アメリカで話題になって、本や映画にもなって。
徐々に、世界中の学校に広がっていきながら、
2016年から、いよいよ、日本にも導入されたんだ。

©World Peace Game Project,2016

俺も、さっそく、ゲームを見学させてもらったんだけど、
単純に、やってて、めっちゃ楽しいゲームなのに、
リアルな世界とも、しっかりリンクしていて、本当に驚いた。
**これは、すごい可能性を持ってる！
日本中の小中学校で取り入れたら、日本が変わる！**
本気で、そう感じた。

20〜30人の子どもたちが、いくつかの国に分かれて、
相談したり、交渉したりしながら、共に世界平和を目指すっていう、
ある種のボードゲームなんだけど、
まず、印象的だったのは、このゲームのゴール設定。
子どもたちが目指すゴールは、シンプルに２つ。

**「世界の危機を、すべて解決すること」
「すべての国の資産を増やすこと」**

世界中の問題が解決されたうえで、
すべての国が、今よりリッチになる。
ある意味で、これぞ、世界平和！だよね。

Peace Eyes: 04

もうひとつ印象的だったのは、ゲームを始めるときの挨拶。
大人たちから、子どもたちへのメッセージとして、
インストラクターが、まず、子どもたちに謝るんだ。

**僕たち、大人たちが、みんなの地球に、
こんなにたくさんの問題を作ってしまってごめんね。
ぜひ、キミたちに解決して欲しくて、
今日は、集まってもらったんだ。
さぁ、それでは、ゲームを始めよう！**

それを聞いた瞬間、子どもたちの瞳が、みんなキラキラして。
現場で見ていて、すごく感動した。

もちろん、単純に、ゲームとしても楽しめるように、
細かいところまで、すごく工夫されているし、
これは、本当に、世界中に広がって欲しいと想う。

教育関係者の人は、ぜひ、学校や施設で、
インストラクターを呼んで、開催してみて欲しい。

興味がある人は、講習もあるので、自ら資格を取って、
このゲームのインストラクターになるっていうのも、すごく楽しそう。

そして、10〜15歳の子どもを持つママやパパは、
ぜひ、子どもたちに体験させてみてはどうだろう？
きっと、子どもたちの描いている世界地図が、
すごい勢いで拡大していくのを、実感できると想うよ。

More Info.

【TED / ジョン・ハンターの世界平和ゲーム】(動画)
▶ https://www.ted.com/talks/john_hunter_on_the_world_peace_game?language=ja

【ワールドピースゲームプロジェクト（日本）】
▶ http://worldpeacegame.jp/

【World Peace Game Foundation（アメリカ）】
▶ https://worldpeacegame.org/

TED 　WPG / 日本 　WPG Foundation

Peace Eyes: 04

世界中の人々の暮らしが豊かになり、
世界中の貧困を終わらせる方法として。
全世界的に、面白い試みが始まっている。

UBI (Universal Basic Income)
ユニバーサル・ベーシックインカム

これは、FacebookのCEOマーク・ザッカーバーグ、
ヴァージングループ会長のリチャード・ブランソンを始め、
多くの著名人が支持・賛同していることもあって、
聞いたことがある人も多いと思う。

これは、シンプルに言うと、
政府が、すべての国民に、基本的な生活費をくれる。
そんな、夢のような制度のこと。

すでにある、年金、生活保護、児童手当などと違うのは、
**性別、年齢、職業、収入等を一切問わず、
国民の「全員」が「同じ金額」を「一生」もらえるということ。**

支給される金額の目安は、**1人あたり月8〜10万円ぐらい。**
1人あたり月8万円だとしても、4人家族だったら、
毎月32万円の生活費が、無条件に、一生もらえるわけだから、
仕事も、住む場所も、いろいろと新しい選択肢が生まれてくるよね。

Road to World Peace

このUBIが、もし、世界中で導入されたら、
すべての人に、基本的な生活費が支給されるようになるので、
当然、**この世界から貧困はなくなる。**

そして、日本、アメリカ、ヨーロッパのような先進国では、
貧困救済の理由だけでなく、少子化、消費アップ、起業促進、
そして、人工知能が人間の仕事を奪う時代に備えて・・・
などの理由でも、UBIを支持する人が、増えてきている。

もちろん、**財源はどうするの？**
働かなくても生活費がもらえるなら、**誰も働かなくなるのでは？**
など、いくつかの不安要素はあるので、
それらを、実際に検証するために、近年、
ファンランド、オランダ、ケニア、インド、カナダ、ハワイなど、
世界の多くの国や都市で、すでに、実験が行われている。

もちろん、なにごとも、メリット・デメリットがあるし、
導入に反対する意見もあるけど、
俺個人としては、すごく、シンプル。
自分の収入もアップするし、世界中の貧困がなくなる。
この2点だけで、充分に、導入に賛成だ。

UBIの導入に向けては、各国の政府が中心になるけど、
結局、政治家を選んでいるのは俺たちだから、
国民の多くが望めば、リアルに実現できることだ。

これから、さらに研究しながら、
世界中での導入に向けて、積極的に動いていきたい。
興味がある人は、ぜひ、一緒にやりましょう。

貧困とは、基本的に現金がないことだ。
その人が愚かだから、貧困になったわけではない。

靴を履いて立ち上がろうとしても、
そもそも靴がなければ、話にならない。

Joseph Hanlon　ジョセフ・ハンロン / 経済学者

貧困で苦しむ人を救いたいならば、
現地のNPOや援助プログラムに、間接的にお金を渡すよりも、
苦しんでいる人々に、直接、お金を渡す方が、
はるかに効果がある。

Rutger Bregman　ルトガー・ブレグマン / 歴史家・ジャーナリスト

誰もが新しいことにチャレンジできるよう、
何らかのクッションを作る必要がある。
そのためにもユニバーサル・ベーシックインカムのような
システムを検討すべきだ。

Mark Zuckerberg　マーク・ザッカーバーグ / Facebook CEO

今後、多くの仕事が、人間に替わって、
AI（人工知能）で行われることを考えると、
ベーシックインカムの導入は必要になるだろう。

Elon Musk　イーロン・マスク / テスラ CEO

Road to World Peace

PEACE EYES
6
AYUMU TAKAHASHI

世界をひとつの政府にすれば、すべての戦争は、終わる。

PEACE EYES 6
AYUMU TAKAHASHI

世界をひとつの政府に。
世界連邦を設立しよう。

なんて言っても、なんか、夢みたいだし、
ガンダム？ ワンピース？って感じで、
マンガみたいな話に聞こえるけど。

20世紀を代表する大天才、
アルベルト・アインシュタイン
スティーヴン・ホーキング
この2人が、同じくして、
世界連邦の必要性を真剣に提案しているのを知って、
俺も興味を持ったんだ。

もちろん、この人たちの言うことが、
すべて正しいわけじゃないけど、
さすがに、人類最強と言われる頭脳を持つ2人が、
意味のない提案するとは、想えなくてさ。

世界連邦を目指す運動が、本格的に始まったのは1946年。
この世界から、本気で戦争をなくすため、
世界の著名な科学者・文化人たちが集まったのが、
すべての始まりだった。

発表されている宣言文や資料をもとに、
世界連邦の内容を、俺なりに整理してみると･･･

Road to World Peace

世界中すべての人が、
国ではなく、個人として加盟。

世界中からすべての軍が撤廃され、
世界警察だけが存在し、治安を守る。

原子力は、世界連邦のみが管理し、
軍事利用はされない。

運営予算は、各国が出すのではなく、
個人の税金によって集める。
集まった予算は、世界のあらゆる問題解決のために、
優先的に使われる。

世界共通の法律のもとで、
差別のない平等な世の中になる。

確かに、これが実現すれば、最強だよね。
実質的には、すべての国境も、すべての軍隊も消えて、
「単一世界国家」（ワン・ワールド）が誕生する。
戦争も、貧困も、すべて終わりにできる。

ある意味、世界の廃藩置県か。
夢があるな。
坂本龍馬もビックリでしょ。

バカだと思うかもしれないけど、
俺、この世界連邦っていうビジョンに触れたときから、
俺たちの時代で、ぜひ、実現したい！って、
本気で、ワクワクしててさ。

自分なりに、もっともっとSTUDYしながら、
まずは、この世界連邦のビジョンを、
自分の言葉で、魅力的に語れるようになりたい。

この世界連邦が実現したら、こんな素敵な世の中になる！
そんなビジョンや物語を、
世界中みんなが、ワクワクしながら共有できるように、
さっそく、心あるアーティストたちとコラボしながら、
素敵な絵本や映画を創ることから始めよう！って想ってる。

いい意味で、いつまでも、バカな熱い素人のまま。
世界平和への道を、マッハで走り続けていこう。

Road to World Peace

われわれ人類が、生存しつづけようとするなら、
大戦争を恒久的に阻止する機関をつくることが、
至上命令である。
そして、そのような機関になり得る唯一のものは、
世界連邦政府である。

Bertrand Russell　バートランド・ラッセル / 哲学者・ノーベル文学賞受賞

どんなに高価な平和の再構築でも、
最も安価な戦争より、はるかに安く済む。

Bill Clinton　ビル・クリントン / 第42代アメリカ合衆国大統領

世界の廃藩置県なくして、人類の平和はない。

尾崎行雄 / 憲政の父・世界連邦運動協会初代会長

Road to World Peace

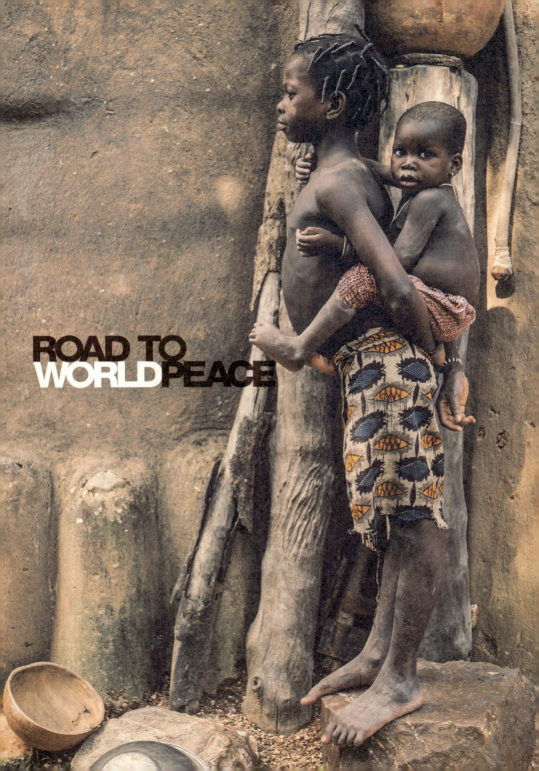

PEACE EYES

7

AYUMU TAKAHASHI

世界中の子どもたちが、
みんな友達になれたら、
きっと、地球の未来は明るい。

PEACE EYES
7
AYUMU TAKAHASHI

2008〜2013年の約5年間、
家族でキャンピングカーに乗って、世界を旅した。

4歳の娘、6歳の息子、そして、妻と共に。
地球上のあらゆる場所で、
あらゆる民族と触れあいながら、
肌で、身体で、おもいっきり感じたんだ。

「世界中の子どもたちが、友達になること」
それは、世界が平和に向かうために、
シンプルではあるけれど、
とても有効な手段なんじゃないかな。

もし、世界中の子どもたちが友達になったら、
お互いに、「よく知らない遠い国」のニュースが、
「あいつが暮らしている国」のニュースに変わる。
ただの情報だった「国と国」の関係が、
温もりのある「人と人」の関係に変わる。

極端な例ではあるけど。
自分が大人になったとき、
子ども時代からの友達が暮らしている国に、
爆弾を落とす気がするだろうか？
万が一、自分の国の政府がそうしようとしたら、
少なからず、本気で止めようと想うんじゃないかな？

Road to World Peace

もし、子ども時代からの友達が暮らす国で、
本気で困っていることが起きたとしたら、
なにか小さなことでも、自分にできることをしたいって、
とりあえず、動きだすんじゃないかな？
世界中の子どもたちが友達になることで、
精神的な「国境」は、きっと、低くなっていく。
いや、低くなっていくどころか、
うまくいけば、なくなってしまうかもしれない。

国境、宗教、貧富の差など、すべてを超えて、
**世界約200ヶ国の子どもたちみんなが、
共に、学び、遊び、暮らしながら、
友達になる機会が、充分に用意されている状態。**
それが、「世界のあたりまえ」になることを目指して。

世界中で、同じ想いを持つ人たちと、
積極的に繋がりながら、チームを組みながら、
大きなWAVEを起こしていきたいと想っているんだ。

Peace Eyes: 07

今後、インターネットや同時通訳機の進化も含め、
外国人との交流が、さらに日常的になっていくにつれて、
「うちの子も、世界中に友達を作って欲しいわ」
そう想うパパやママも増えていくだろうし、
キャンプ、ツアー、交換留学、ホームステイ etc...など、
世界中で、様々な「友達作りの場」も広がっていくと想う。

そして、まだまだ、夢の段階だけど、
いつか、国連主導で、世界約200ヶ国が賛同して、
世界中の子どもに、夢のような1年間をプレゼントしたい。
「WORLD FRIENDS YEAR」
この世界に生まれた、すべての子どもが、
小学校卒業後の1年間、世界を一周しながら、
世界中に、友達を増やしていくことができるようになるの。

これは、すべての子どもに平等なギフトでさ。
その国の貧乏な子どもの費用は、
その国のお金持ちが払ってあげるし、
病気があったり、身体が不自由な子どもたちも、
みんなが最大限楽しめるように、
世界のスペシャリストが集まって、最高のケアーがされるんだ。

こうやって、世界中の子どもたちは、
世界を旅して、世界を肌で感じて、
友達をいっぱい作りながら、大人になっていくのが、
世界のあたりまえになっていく・・・

これ、実現したら、やばくない？

Road to World Peace

まぁ、叫んでいるだけじゃ、しょうがないし、
まずは、自分たちの手の届くところで、
小さくていいから、理想の空間を創ってみよう！ってことで。
俺たちは、実際に、学校を始めることにしたんだ。

俺たちが、学校を始める場所は、太平洋の真ん中に浮かぶ楽園。
美しい大自然の溢れる島、ハワイ島。

**世界約200ヶ国の子どもたちが、
共に学び、遊び、暮らす、小さな地球のような空間。**
それが、この学校の基本イメージ。

多言語を学び、多様な文化に触れながら、
大自然の中で、一緒に遊び、一緒に生活しながら、
「みんなちがって、みんないい」
子ども時代に、そんな感覚を、
アタマではなく、肌で身につけられる学校。

校舎は、すべて、ツリーハウス。
木の上に創られた秘密基地のような空間で、
トムソーヤ、スタンドバイミーな気分を味わいながら、
子どもたちは、毎日を過ごしてさ。

Road to World Peace

学校の隣には、自給自足のビレッジがあって、
農園、牧場、住居、発電施設などはもちろん、
カフェ＆レストラン、宿泊施設、
世界中からアーティストが集う工房なども併設していて。

大自然に囲まれた空間で、手と足を動かしながら、
生きるための知恵と技術を、肌で学ぶことができるのはもちろん、
最先端のIT機器を日常的に使用することで、OPENに世界と繋がること。
子どものうちに、そんな感覚も、あたりまえにして欲しい。

プログラムの主なテーマは・・・
才能発掘、平和教育、社会貢献。
ちょっと、かために言うと、この3つかな。

世界中から集まったスペシャリストによる、授業・ワークショップを通じて、
まずは、ひとりひとりの子どもが、自分の得意なことを発見すること。

そして、その能力を活かして、
世界の平和や社会問題の解決に貢献しながら、
世界中に、ひとつでも多くの笑顔や喜びを生み出しながら。
自分の色で、幸せに生きていく力を、身につけて欲しいと想っている。

2018年夏。
ハワイ島、サウスコナ。

まずは、最初の小さな一歩として、
このプロジェクトのオフィスを兼ねたカフェ&レストラン
「BOHEMIAN / KONA」がオープンする。

この小さなカフェから、すべてが始まる。
興味がある人は、そこで、直接、話をしよう。
もし、互いにピンときたら、
ぜひ、チームに加わって欲しい。
いつも、誰に対しても、扉は開かれている。

世界中の子どもたちがみんな友達になり、
共に創っていく、未来の地球。

それが、とても明るく見えるのは、
俺たちだけじゃないはず。

Let's join us!
Enjoy your life on the peaceful earth!

More Info.

BOHEMIAN / KONA
【address】 79-7384 Hawaii Belt Rd,Kainaliu, HI 96750,U.S.A
【e-mail】 ayumuman@a-works.gr.jp （CEO 高橋歩：直通）
【web：PLAY EARTH】 http://www.playearth.jp/

Road to World Peace

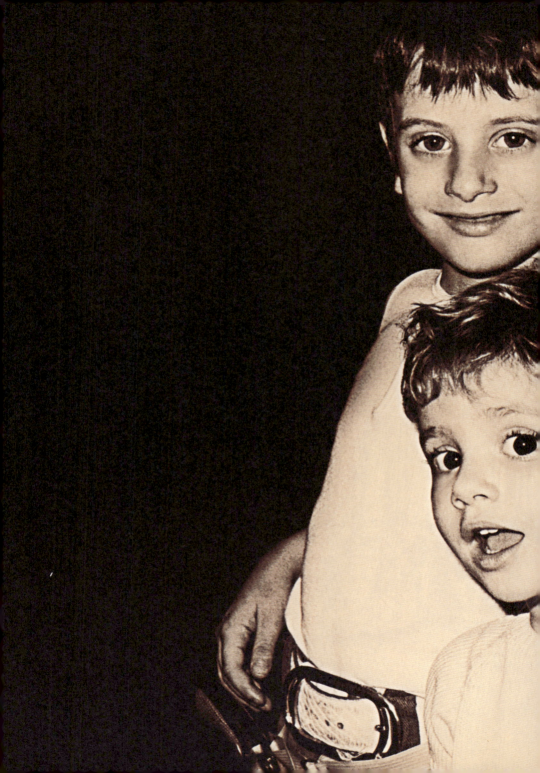

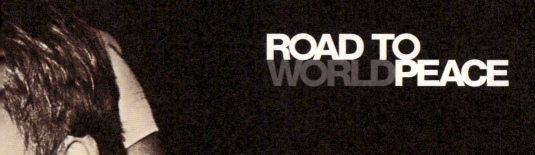

人間は、みんな、アフリカから来たんだ。
オレたち白人は、ただ北上して、白くなっただけさ。
どんな人間だって、切って開いてみりゃ、
骨は白くて、血は赤いだろ。
な、どっか深い所では、繋がってんだよ。

Keith Richards　キース・リチャーズ / ローリング・ストーンズ / ギターリスト

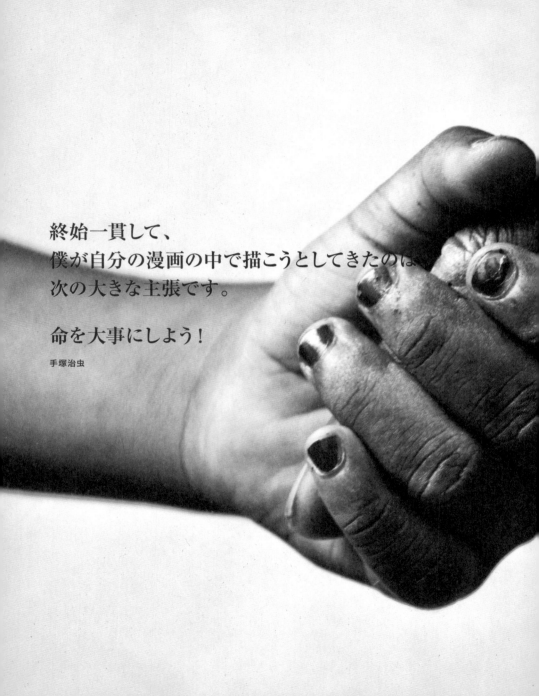

終始一貫して、
僕が自分の漫画の中で描こうとしてきたのは
次の大きな主張です。

命を大事にしよう！

手塚治虫

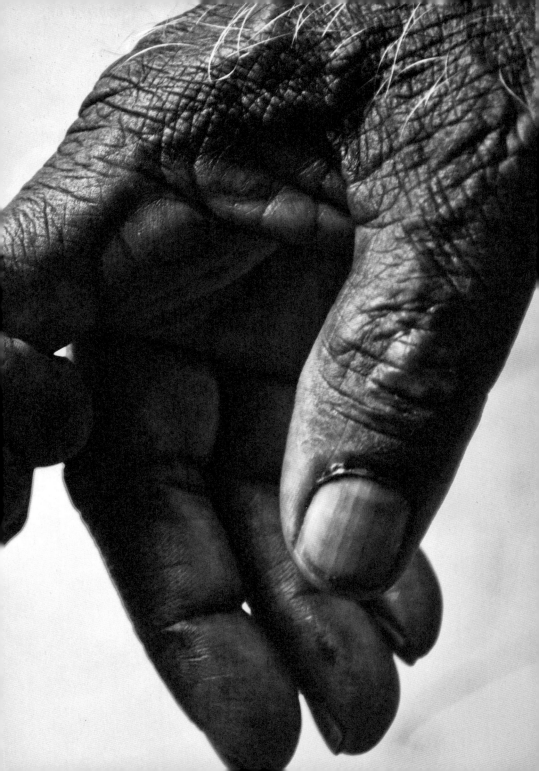

世界平和のためにできること？
家に帰って、家族を愛してあげてください。

Mother Teresa　マザー・テレサ

人は生まれる時代も世界も選ぶことはできない。
しかし、どう生きるかを決めることはできる。
「ファイナルファンタジー/零式」より

ROAD TO
WORLD PEACE

ROAD TO
WORLDPEACE

ROAD TO WORLD

Epilogue おわりに

世界平和なんていうと、
テーマは大きくなりがちだけど。

目の前の人を愛し、
自分自身を愛すること。

I LOVE YOU.
I LOVE MYSELF.

やっぱり、すべては、そこから始まると思う。

そんな原点を忘れずに。

ただ、オレとアナタとして。

世界中の人たちと、
ナチュラルに応援し合うことができたら、
なんて素敵なんだろう。

そんな気持ちが、今、胸に溢れている。

「国と国」で考えてしまうと、
政府やら、過去の歴史やら、
いろいろと難しい話になってしまうけど。

「人と人」で考えれば、
きっと、俺たちにも、
なにかできることがあるんじゃないかな？

ろくな人間じゃなかったけど、
少しは、誰かの役に立てたかな。

いいことばかりじゃなかったけど、
やっぱり、生まれてきてよかったな。

死ぬときに、そう想えるように。

オススメ
PEACE MOVIE
BEST 12

リアルなドキュメントを中心に、楽しみながら、熱い気持ちになれる映画。12本。

PEACE MOVIE: 1
「ファヴェーラの丘」
「予告編」

本書64Pでも紹介した、ブラジルのスラムで生まれたダンスチーム、「アフロヘギイ」のドキュメント。
武器を楽器に変えた、若者たちの記録。
これを観ると、「俺もやってやるぜ！」ってパワーが溢れてくるね。

PEACE MOVIE: 2
「バレンタイン一揆」
「予告編」

本書70Pでも紹介した、日本人の女の子たちの海外支援を追ったドキュメント。
大好きなチョコレートをきっかけに、小さな一歩を踏み出した日本の女の子たち。
ちなみに、俺、この作品を観て、号泣しちゃったよ。

PEACE MOVIE: 3
「アイ・ウェイウェイは謝らない」

　「予告編」

本書74Pでも紹介した、異色の建築やアートで、政府や権力に中指を立て続ける、パンクな中国人アーティスト、アイ・ウェイウェイの日々を記録したドキュメント。
「それ、違うでしょ、と想うことは、黙ってないで叫ぼう！」
この映画を観ると、そんな気持ちが胸に溢れてくるぜ。

PEACE MOVIE: 4
「料理人 ガストン・アクリオ／美食を超えたおいしい革命」

　「予告編」

本書66Pでも紹介した、ペルー人みんなが愛する希望のシェフ、
ガストン・アクリオの生活に密着したドキュメント。
なんか素朴で、淡々と、素敵な時間を積み重ねていくスタイルがかっこいい。

PEACE MOVIE: 5
「コスタリカの奇跡 ～積極的平和国家のつくり方」

　「予告編」

本書96Pでも紹介した、希望の国コスタリカ。
積極的平和国家と呼ばれる、現在のコスタリカが出来上がるまでの物語。
中心人物や国民へのインタビューも豊富で、
すごくリアルでナマナマしくて、面白かった。

PEACE MOVIE: 6
「ソニータ」

　「予告編」

アフガニスタンの難民キャンプで暮らす、ヒップな少女ラッパーのドキュメント。
悲惨なシーンもあるけど、全体に明るく元気な空気が流れていて、気持ちのいい作品。
多くの難民キャンプで暮らす子どもたちにとって、一番必要なのは食料や水や薬よりも、
夢とか生き甲斐とか、希望みたいなものかもしれないな、って感じた。

PEACE MOVIE: 7
「モーターサイクル・ダイアリーズ」

　「予告編」

キューバ革命の革命家、チェ・ゲバラ。
彼の日記をもとに、若かりし頃の旅を再現した映画。
大学の医学部に通う学生だった彼は、この旅をきっかけに、革命を志すようになった。
旅で、人生は変わる。大切なものは、いつも、路上に落ちている。

PEACE MOVIE: 8
「ルンタ」

[予告編]

中国の圧政に対して、非暴力を貫くチベットのリアル。これは、衝撃だった。
現地で、チベットの人々を支える日本人の姿にも、すさまじいパワーを感じた。
観終わってしばらく経っても、あらゆる感情が身体中に溢れてきて、ぐちゃぐちゃ。
こんな濃厚な時間を過ごしたのは、久しぶりだった。
近いうちに、チベットに行ってみなきゃな。

PEACE MOVIE: 9
「ポバティー・インク」

[予告編]

本当に役に立つ寄付って？ ボランテイアって？
そんなことを、じっくり考えさせられる作品。
困っている人を助けようと思ってしたことが、逆に苦しめる結果になったり。
助ける、救う、ではなく。寄り添う、共に生きる。
もちろん、簡単ではないけど、大切なのは、そんな姿勢なのかもしれない。

PEACE MOVIE: 10
「ザ・トゥルー・コスト」

[予告編]

本書105Pでも紹介した、ショッピングで世界を変えるためのドキュメント。
特に、ファッション業界にスポットを当てながら、
「安くて、かっこいい服が買えれば、地球の裏側で、誰かが苦しんでいてもOK？」
「悪いことに無関心であるってことは、悪いことに賛成しているのと一緒なんだ」
そんなメッセージがビンビン伝わってきて、俺も、すごく。影響を受けた。

PEACE MOVIE: 11
「ザ・デイ・アフター・ピース」

[予告編]

本書76Pでも紹介した、ジェレミー・ギリーの活動を追った、ドキュメント。
「1年に1日でも、この世界に戦争や暴力のない日を」という夢を描いた男が、何年も掛けて、
国連、各国政府、大企業、セレブ、現地の人々などを必死に口説きながら、あきらめること
なく、ひとつひとつ、ムーブメントを広げていく姿を見ていると、「自分にも出来る！」という
パワーをもらえる。ちなみに、この映画は、本編がWEBで無料公開されているので、ぜひ。

PEACE MOVIE: 12
「happy 〜しあわせを探すあなたへ〜」

[予告編]

5大陸16ヶ国を回りながら、「本当の幸せとは？」を追求したドキュメント。
インドの仙人から、NYの心理学者まで、砂漠の民から、沖縄のおばあまで、
幅広い視点から「幸せ」を解釈しようとしているスタイルに、すごく共感した。
世界中、すべての人が幸せになれることを、世界平和と呼ぶならば、
まさに、これは、世界を平和にするための映画だと思う。

お気に入りのカフェに、友達を集めて。
気軽に、映画の上映会を開いてみよう！

上記に紹介した映画の大半は、
数万円レベルから、上映会用のレンタルもしているので、
誰でも、気軽に、映画の上映会を開催できるんだ。

映画館のような劇場に限らず、
公民館、会議室、カフェ、レストラン、ヨガスタジオ、
お寺や屋外など、上映場所は、あなたのアイデア次第。

もちろん、映画は、ひとりで観る味わいもあるけど、
友人や仲間と一緒に、同じ空間で、同じ作品を観た後、
酒でも飲みながら、熱く語り合う時間は、また格別だ。

興味がある人は、ぜひ、以下の案内をチェックしてみて。

【CINEMO（シネモ）】
by UNITED PEOPLE

https://www.cinemo.info/

オススメ
PEACE BOOK
BEST 15

なるべく、気軽に読めるものを中心に、
楽しみながら、世界を広げてくれる本。15冊。

PEACE BOOK: 1

「ひとはなぜ戦争をするのか」

著：A・アインシュタイン、S・フロイト ／ 訳：浅見昇吾（講談社学術文庫）

1932年、国際連盟が、アインシュタインに依頼した。
「今の文明において、もっとも大事だと思われるテーマで、
いちばん意見を交換したい相手を選び、書簡を交わしてください」
アインシュタインが選んだ相手は「フロイト」。テーマは「戦争」だった・・・
そう言われて、これは読まずにいられない！って感じで読んだんだけど、
期待通り、強烈だった。手紙形式で書かれているので、内容の割にはわかりやすかったし、
本書123Pでも紹介した、「世界連邦」の話も含めて、ヒントがいっぱいだった。

1

PEACE BOOK: 2
「沈黙の艦隊」
著：かわぐちかいじ（講談社 モーニングKC）

「これ、マンガでしょ」なんて言って、絶対に侮れないマンガ。
特に後半部分は、各大統領たちのやりとりを含め、
この世界から戦争をなくすための物語が、ドキドキしながら展開していく。
知る人ぞ知る、PEACEマンガのレジェンド。
まぁ、迷ったら、まずは、これから読んでみて。

PEACE BOOK: 3
「本当の戦争の話をしよう」
著：伊勢崎賢治（朝日出版社）

「職業は、武装解除屋」とも言われる
紛争解決のスペシャリストと福島県の一般の高校生たちが、
日本人と戦争について、まっすぐに語り合う本。これも、面白かった。
高校生が相手なので、難しい話になりすぎることなく、とてもわかりやすかったし、
圧倒的にリアルな体験に基づいて語られる著者の言葉は、
胸に刺さるものが多かった。

PEACE BOOK: 4
「エレファンティズム 坂本龍一のアフリカ」(DVD BOOK)
製作総指揮：坂本龍一 ／ 編集：月刊ソトコト編集部（木楽舎）

911の後に、坂本龍一さんがアフリカを訪れて製作したドキュメンタリー DVD&BOOK。
この地球上で、人類が平和に暮らしていくために。
アフリカに暮らす、人類学者やゾウの研究者、マサイ族の人々などと交わされる対話は、
グッと来る内容のものが多かった。
アフリカの大自然を撮った映像や坂本龍一さんによる音楽も楽しみながら、
何度も何度も繰り返し観ちゃう作品だね。

PEACE BOOK: 5
「『たからもの』って何ですか」
著：伊勢華子（パロル舎）

著者が、画用紙と24色のサインペンを片手に、世界をめぐりながら、
119人の子どもたちに、「自分にとっての宝物」を描いてもらった本。
眺めているだけで、なんか、PEACEな気分に浸れる。
読み終わったら、自分や親しい人にも聞いてみよう。
あなたの宝物は何ですか？

PEACE BOOK: 6
「マザー・テレサ あふれる愛」
著：沖守弘（講談社文庫）

カルカッタのスラムで、貧しい人たちのために働き続けた女性、マザー・テレサ。
彼女の活動や想いが、とってもリアルに、わかりやすく紹介されている本。
彼女のことを、ノーベル平和賞をもらった「聖者」としてではなく、
インドのスラムに暮らす「元気なイカしたおばちゃん」として見ることで、
より多くのメッセージが伝わってくると想う。

PEACE BOOK: 7-9
「地球家族　〜世界30か国のふつうの暮らし」
著：マテリアルワールド・プロジェクト（代表ピーター・メンツェル）／訳：近藤真里、杉山良男（TOTO出版）

世界中の家族の日常的な暮らしを撮った写真集。
思わず、「地球LOVE！」って叫びたくなるくらい、素敵な本。
日本の家族も含まれているので、他の国と比較してみるのも面白いね。

「続 地球家族　〜世界20か国の女性の暮らし」
著：マテリアルワールド・プロジェクト（フェイス・ダルージオ＋ピーター・メンツェル）／訳：金子寛子（TOTO出版）

世界中の女性たちの暮らしを撮った写真集。
インタビューを通して、各国の女性たちの結婚、子育て、仕事、料理、
そして、人生に対する考え方などが紹介されているんだけど、
表面的にはみんな違うのに、意外な共通点もあったりして、すごく面白い。
やっぱり、世界は女性でまわっているんだね。

「地球の食卓　〜世界24か国の家族のごはん」
著：ピーター・メンツェル＋フェイス・ダルージオ／訳：みつじまちこ（TOTO出版）

世界中の家庭の日常的なごはんが紹介されている本。現代の食の世界地図。
生活の基本である「食」というものを通して世界を見ると、
それぞれの国、地域の個性がハッキリと見えてきて面白い。
そしてなによりも、単純に、おいしそう！

PEACE BOOK: 10
「ドブネズミの詩（うた）」
著：ザ・ブルーハーツ（角川書店）

「青空」「チェルノブイリ」「爆弾が落っこちる時」などを始め、
PEACEなパンクを歌うブルー・ハーツの語録集。
すごくシンプルで、グッと来る言葉がいっぱい。
収録された語録や歌詞はもちろん、本人たちからの寄せ書きもいい味でてる。
ちなみに、10代の頃の俺のバイブルです。

PEACE BOOK: 11-12
「愛と幻想のファシズム（上下巻）」 著：村上龍（講談社文庫）
「希望の国のエクソダス」 著：村上龍（文春文庫）

村上龍さんのこの小説が好きで、何度も何度も読んでいる。
2冊ともに、現代の日本の若者たちが中心になって日本を変えていく物語で、
革命というものへのリアリティ、現実感をくれる魅力的なサンプルでもあると思う。
特に、「愛と幻想のファシズム」の主人公のトウジがあまりにかっこよくて、
久しぶりに、本気で憧れてしまった。

PEACE BOOK: 13
「世界がもし100人の村だったら 総集編」
再話・文：池田香代子 / 編：マガジンハウス（マガジンハウス文庫）

世界の平和を考えるって意味では、定番かもしれないけど、やっぱり好きだな。
「世界の多様性」とか、「経済的な格差」とか、文字で見るとなんか難しいけど、
この本を見ると、子どもたちにでも、感覚だけでパッと伝わるもんね。
これも、WORLD PEACEの入り口として、オススメの一冊。

PEACE BOOK: 14
「ジョン・レノン詩集 イマジン」
訳：平田良子（シンコー・ミュージック）

ジョン・レノンの詩集。
歌を聴いて、なんとなくわかっているつもりになっていたけど、
あらためて詩集を読むと、
彼の求めていたLOVE&PEACEというものが、より深く伝わってくる。
彼の言葉は、強く、そして優しい。

PEACE BOOK: 15
「137億年の物語」
著：クリストファー ロイド / 訳：野中香方子（文藝春秋）

「宇宙が始まってから、今日までの全歴史」ってことで、分厚い本なんだけど。
この本を眺めていると、世界平和の話さえ、小さな一部にすぎない？
って感じてしまうくらい、大きな大きな、時間の流れに包まれるよ。

WORLD

BOOK
MOVIE
MUSIC
CRAFT
TRIP

and more...

ワールドピースレーベル
WORLD PEAC

PEACE LABEL

Since 2018

Welcome to "The Nest" of crazy fellows!

世界平和をあきらめない、愛すべきバカ野郎たちのために、
新しいレーベルが誕生しました。
その名も、ずばり、「WORLD PEACE LABEL」。
世界中のピースフルな奇人変人たちと共に、
書籍を中心に、音楽・映画・アートなど、
様々な作品を生み出していきます。

I LOVE YOU,
I LOVE MYSELF.

人類史上、最大の夢。「世界平和」。
テーマは大きくなりがちだけど、やっぱり、
「目の前の人を愛し、自分自身を愛すること。」
そこから、すべては始まる。
そんな原点を忘れずに、
作品を創り続けていきたいと思っています。

すべての詳細は、下記WEBで
WEB「WORLD PEACE」
www.worldpeacelabel.jp

www.worldpeacelabel.jp

著者　高橋歩

1972年東京生まれ。自由人。
20歳の時、映画「カクテル」に憧れ、大学を中退し、仲間とアメリカンバー「ROCKWELL'S」を開店。2年間で4店舗に広がる。
23歳の時、すべての店を仲間に譲り、プータローに。自伝を出すために、出版社「サンクチュアリ出版」を設立。自伝『毎日が冒険』をはじめ、数々のベストセラーを世に送り出す。
26歳の時、愛する彼女・さやかと結婚。出版社を仲間に譲り、すべての肩書きをリセットし、再びプータローに。結婚式3日後から、妻とふたりで世界一周の旅へ。約2年間で、南極から北極まで世界数十ヶ国を放浪の末、帰国。
2001年、沖縄へ移住。音楽と冒険とアートの溢れる自給自足のネイチャービレッジ「ビーチロックビレッジ」を創り上げる。同時に、作家活動を続けながら、東京、ニューヨークにて、自らの出版社を設立したり、東京、福島、ニューヨーク、バリ島、インド、ジャマイカで、レストランバー&ゲストハウスを開店したり、インド、ジャマイカで、現地の貧しい子供たちのためのフリースクールを開校するなど、世界中で、ジャンルにとらわれない活動を展開。
2008年、結婚10周年を記念し、家族4人でキャンピングカーに乗り、世界一周の旅に出発。2011年、東日本大震災を受けて、旅を一時中断。宮城県石巻市に入り、ボランティアビレッジを立ち上げ、2万人以上の人々を受け入れながら、復興支援活動を展開。現在も、石巻市・福島市を中心に、様々なプロジェクトを進行中。
2013年、約4年間に渡る家族での世界一周の旅を終え、ハワイ・ビッグアイランドへ拠点を移す。
現在、著作の累計部数は200万部を超え、英語圏諸国、韓国、台湾など海外でも広く出版されている。

▶http://www.ayumu.ch/

監修　関根健次

ユナイテッドピープル株式会社 代表取締役
一般社団法人 国際平和映像祭 代表理事
ピースデー・ジャパン共同代表

1976年生まれ。ベロイト大学経済学部卒（米国）。大学の卒業旅行で世界半周の旅へ出る。途中偶然訪れた紛争地で世界の現実と出会い、後に平和実現が人生のミッションとなる。2002年に世界の課題解決を事業目的とする非営利会社、ユナイテッドピープル株式会社を創業。ネット募金サイト「イーココロ！」やネット署名サイト「署名TV」の運営を経て、2009年から映画事業を開始。2011年から国連が定めたピースデー、9月21日を広める活動を開始。同年、一般社団法人国際平和映像祭を設立しピースデーに毎年国際平和映像祭（UFPFF）を開催している。2016年4月から家族4人で世界一周の旅へ出て7月から約1年、21世紀の理想的国家として注目されるコスタリカに暮らした。
著書に「ユナイテッドピープル」がある。

▶http://unitedpeople.jp/

Special Thanks
Tomokazu Matsui, Mayo Nozaki, 希泉, Travel Depot, Inc., DRAGON76, Takashi Inoue

協力　一般財団法人　Next Wisdom Foundation

VISION STATEMENT

地球を思い、自然を尊び、歴史に学ぼう。
知的で、文化的で、持続的で、
誰もが尊敬され、誰もが相手を慈しむ世界を生もう。
すべての人にチャンスを生み、
共に喜び、共に発展しよう。
私たちは、そんな未来を創るために、様々な分野の叡智を編纂し
これからの人々のために残していこうと思う。
「より幸福な未来を創造するために、世界中の叡智を編纂するNext Wisdom Foundation」

【代表理事】
井上高志（株式会社LIFULL 代表取締役社長）
楠本修二郎（カフェ・カンパニー株式会社 代表取締役社長）

▶http://nextwisdom.org/

ROAD TO WORLD PEACE

©iStockphoto.com/ MariaDubova, hipokrat, peeterv, intueri, dimapf, MShep2, selimaksan, RapidEye, pixelfusion3d, wundervisuals, Joel Carillet, vincentlecolley, tatyana_tomsickova, ArtMarie, hipokrat, LSP1982, AOtzen, Shanina, EricVega, CoffeeAndMilk, Lisa5201, sandsun, LindaYolanda, Martin Dimitrov, ranplett, Bob Steiner, onebluelight, DorianGray, luoman, ELENAPHOTOS, pixelfusion3d, Mary981, hadynyah, DimaBerkut, epicurean, Renphoto, shih

著	高橋歩
監修	関根健次
協力	Next Wisdom Foundation
デザイン	高橋実
編集	滝本洋平
印刷・製本	株式会社光邦
発行者	高橋歩

発行・発売　株式会社A-Works
〒113-0023 東京都文京区向丘 2-14-9
URL : http://www.a-works.gr.jp　E-MAIL : info@a-works.gr.jp

営業　株式会社サンクチュアリ・パブリッシング
〒113-0023 東京都文京区向丘 2-14-9
TEL : 03-5834-2507　FAX : 03-5834-2508

本書の内容を無断で複写・複製・転載・データ配信することを禁じます。
乱丁、落丁本は送料小社負担にてお取り替えいたします。

©Ayumu Takahashi 2018
PRINTED IN JAPAN
乱丁、落丁本は送料小社負担にてお取り替えいたします。